DIWRNOD DWYNWEN

Chwe drama fer

Cymdeithas Ddrama Cymru
Yr Hen Llyfrgell, Heol Singleton
Sblot, Caerdydd
CF24 2ET
Ffôn: (029) 20452200
Ffacs: (029) 20452277
Ebost: aled.daw@virgin.net

Cedwir pob hawl. Ni ellir atgynhyrchu unrhyw ran o'r cyhoeddiad hwn na'i gadw mewn unrhyw ddull na thrwy unrhyw gyfrwng electronig, electrolastig, tâp magnetig, mecanyddol, llungopïo, recordio nac fel arall heb ganiatâd ymlaen llaw gan y cyhoeddwr.

ISBN: 0–9543710–2–X

Os am ganiatâd i berfformio'r ddrama hon, cysyllter â:
sgriptcymru, Chapter, Heol y Farchnad, Treganna, Caerdydd. CF5 1QE.

Ffôn: 029 2023 6650
e-bost:*sgriptcymru@sgriptcymru.com*
Gwefan: *www.sgriptcymru.com*

Comisiynwyd y dramâu hyn gan **sgript**cymru a pherfformiwyd hwy gyntaf gan **sgript**cymru ar y 5ed o Fawrth 2003 yng Nghanolfan Chapter, Caerdydd, ac yna ar daith ledled Cymru.

CEFNOGI CREADIGRWYDD
CYNGOR CELFYDDYDAU CYMRU
THE ARTS COUNCIL OF WALES
SUPPORTING CREATIVITY

Cynllun a delwedd y clawr: A1
Cysodwyd gan Eira Fenn
Argraffwyd yng Nghymru gan Wasg Cambrian, Aberystwyth

sgriptcymru
contemporarydramawales

yn cyflwyno

DIWRNOD DWYNWEN

Dramodwyr:	Fflur Dafydd
	Angharad Devonald
	Angharad Elen
	Meleri Wyn James
	Dafydd Llewelyn
	Nia Wyn Roberts
Actorion:	Lisa Jên Brown
	Rhian Green
	Arwel Gruffydd
	Gwion Huw
Cyfarwyddwr:	Elen Bowman
Cynllunydd:	Hayley Grindle
Cynllunydd Goleuo:	Elanor Higgins
Cerddoriaeth:	Simon Allen
Cyfarwyddwr Cynorthwyol:	Sara Lloyd
Rheolaeth Llwyfan:	Elanor Higgins
	Lisa Skelding

Fflur Dafydd

Y mae Fflur yn fyfyrwraig ymchwil ym Mhrifysgol Cymru, Bangor, ac yn cwblhau doethuriaeth ar waith y bardd R. S. Thomas. Enillodd Fedal Lenyddiaeth yr Urdd ym 1999, ac ers hynny bu'n gweithio ar amryw o brosiectau creadigol. Cafodd ei ffilm fer, *Bathtime*, ei henwebu ar gyfer gwobr D. M. Davies eleni, ac fe fydd ei drama ddigidol, *Clic*, yn cael ei darlledu'n fuan. Yn ogystal, hi yw golygydd y cylchgrawn celfyddydol *Tu Chwith* ac mae'n golofnydd misol i'r cylchgrawn *Barn*. Yn ystod haf 2002, bu'n awdur preswyl ar Ynys Enlli, ac y mae ar hyn o bryd yn cwblhau casgliad o straeon byrion a cherddi a ddeilliodd o'r profiad hwnnw. Llynedd, derbyniodd gomisiwn gan yr Eisteddfod Genedlaethol i ysgrifennu drama fer.

Angharad Devonald

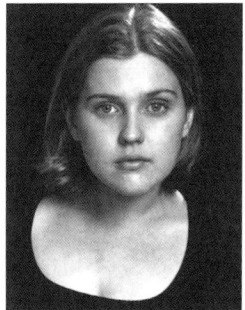

Ers graddio o Goleg y Drindod, Dulyn, mae Angharad wedi gweithio fel actores ac awdures yng Nghymru. Mae ei gwaith theatr yn cynnwys gwaith i Theatr na n'Óg, Cwmni Theatr y Sherman a **sgriptc**ymru. Mae hefyd wedi gweithio ar ddrama radio fel cyd-gynhyrchiad rhwng Theatr y Sherman a Radio Wales. Mae wedi gweithio fel sgriptwraig ar y gyfres deledu *Jara* ac fel awdures ar dair cyfres o *Not Getting Any* i BBC2W. Disgwylir i'r drydedd gyfres fwrw'r sgrîn fis Ebrill eleni.

Angharad Elen

Magwyd Angharad yn Llandwrog ac ar hyn o bryd mae hi'n byw yng Nghaerdydd. Enillodd Gystadleuaeth Llên Meicro *Taliesin* yng Ngwanwyn 2001, a daeth yn fuddugol yng nghystadleuaeth y Goron yn Eisteddfod Genedlaethol yr Urdd Caerdydd a'r Fro 2002. Ysgrifennodd ffilm fer, *Sal* ar gyfer comisiwn digidol Teledu Opus yn Hydref 2002 ac mae hi'n gyfrannydd ysbeidiol i'r cylchgronau celfyddydol *Tu Chwith* a *Taliesin*. Cwblhaodd MA mewn Cymraeg ac Ysgrifennu Creadigol ym Mhrifysgol Cymru, Caerdydd yn 2003.

Meleri Wyn James

Graddiodd Meleri yn y Gymraeg o Goleg Prifysgol Cymru, Aberystwyth a chafodd radd MA mewn Ysgrifennu Creadigol o Goleg y Drindod, Caerfyrddin. Mae wedi gweithio fel Gohebydd Cynorthwyol Cylchgronau Urdd Gobaith Cymru, Is-Olygydd Celfyddydau gyda chylchgrawn *Golwg* ac Ymchwilydd gyda Radio Cymru. Mae bellach yn gweithio fel awdur ar ei liwt ei hun. Fe enillodd Fedal Lenyddiaeth Eisteddfod yr Urdd Taf Elái ym 1991 am *Mwydyn yn yr Afal* a chyrhaeddodd rhestr fer gwobr Nofel 2000 Gomer am *Catrin Jones yn Unig*. Mae hi'n olygydd y cylchgrawn *Lingo Newydd* i ddysgwyr ac yn golofnydd gyda'r *Western Mail*. Mae hi wedi cyhoeddi naw o lyfrau. Ar hyn o bryd, mae'n ysgrifennu nofel i Wasg Gomer a drama fer i gwmni Opus. Mae hi'n byw yn Aberystwyth.

Dafydd Llewelyn

Ganwyd Dafydd yn Abergele, a graddiodd mewn Drama a Pholisi Cymdeithasol yn y Brifysgol ym Mangor. Bu'n gwneud gwaith ymchwil a dysgu cyn cael ei benodi'n Olygydd Sgriptiau *Pobol y Cwm* o fewn y BBC. Enillodd y Fedal Ddrama yn Eisteddfod yr Urdd Dyffryn Nantlle 1990, a daeth yn fuddugol yng nghystadleuaeth y Ddrama Hir yn Eisteddfod Genedlaethol Llandeilo ym 1996. Flwyddyn yn ddiweddarach, enillodd y Fedal Ddrama yn Eisteddfod Môn. Llwyfannwyd ei weithiau *Spam Man*, (Theatr na n'Óg) a *Snog Spar* (Cwmni'r Frân Wen) yn y theatr, ac yn gynharach eleni darlledwyd dwy ddrama o'i eiddo, *Plisgyn Ŵy* a *Y Quiche Berffaith*, ar Radio Cymru.

Nia Wyn Roberts

Magwyd Nia yn Rhoslan ger Cricieth ac astudiodd y Gymraeg ym Mhrifysgol Aberystwyth. Wedi graddio aeth i deithio i Awstralia cyn cael ei phenodi yn Olygydd Sgriptiau ar y gyfres *Pobol y Cwm*. Llynedd daeth yn ail yng nghystadleuaeth y Fedal Ddrama yn Eisteddfod yr Urdd, Caerdydd a darlledwyd y gwaith ar Radio Cymru ym mis Rhagfyr.

RHAGAIR

Cwrs yng Nghanolfan Tŷ Newydd, Llanystumdwy oedd dechrau'r daith i'r dramâu byrion yma. Ym mis Hydref 2002 daeth criw o gyw-ddramodwyr at ei gilydd i dderbyn hyfforddiant ar gyfer ysgrifennu drama lwyfan. Roedd yn gyfle gwych i ddysgu sgiliau newydd, datblygu cymeriadau a thrafod syniadau. Y man cychwynnol oedd ystyriaethau yn ymwneud â chariad ac roedd yn ddifyr gweld sut y bu i bob awdur ganolbwyntio ar wahanol agweddau o'r cysyniad er mwyn darganfod eu straeon eu hunain. Gan fod traeth Cricieth ddim ond tafliad carreg o Dŷ Newydd, penderfynwyd defnyddio delwedd y môr fel cefnlen i'r cymeriadau a'r digwydd. Y canlyniad oedd chwe drama unigryw a gyd-blethwyd i greu cywaith o ddramâu sy'n pendilio rhwng ffantasi a realiti, y chwerw a'r melys a'r llon a'r lleddf.

Roedd cyfraniad yr actorion yn allweddol i ddatblygiad y dramâu a bu'r cyfnod ymarfer yn gyfle i'r awduron drafod y gwaith, clywed y gwaith ar lafar a datblygu'r dramâu yn sgîl hynny. Daeth pawb â'i weledigaeth unigryw ei hun i'r cywaith hwn gan greu clytwaith lliwgar a chyfoethog.

Yn dilyn llwyddiant *Diwrnod Dwynwen*, cynhaliwyd cwrs tebyg ym mis Rhagfyr 2003 yn yr Hurst, Canolfan Arvon John Osborne yng Nghlunton, Sir Amwythig. Tirlun coediog Clunton oedd yr ysbrydoliaeth ar gyfer y dramâu y tro hwn. Mae'r cywaith hwnnw ar y gweill ar hyn o bryd, a'r gobaith yw y llwyfannir rhai o'r dramâu byrion yn gynnar yn 2005.

Hyd yn hyn, mae'r broses hon wedi bod yn llwyddiant, yn blatfform delfrydol ar gyfer dramodwyr newydd ac yn gyhoeddusrwydd i rai o awduron disgleiriaf y dyfodol. Gobeithiwn y bydd modd i'r prosiect hwn barhau am flynyddoedd i ddod gan ddal i ddatblygu a hyrwyddo lleisiau a thalentau newydd y theatr yng Nghymru.

HUGO

Drama un act

gan FFLUR DAFYDD

CAST:

        HUW

        CERYNT

        LISA

*Mae'r golau'n codi i ddatguddio bae bychan. Y mae **Cerynt**, morwr ifanc mewn dillad plaen, wrthi'n trwsio'r rhwyd. Y mae 'na fwced wrth ei ymyl. Gwelwn ddau focs wedi'i gosod un ar ben y llall fel tŵr ag arno'r deunydd-iau canlynol – powlen, cyllell, llyfr trwchus gyda'i dudalennau wedi melynu. Bob hyn a hyn y mae Cerynt yn edrych tuag at y porthladd, fel petai e'n disgwyl am rywun. Ychydig eiliadau'n ddiweddarach y mae **Huw** yn ym-ddangos wedi ei wisgo mewn côt forwrol grand, fel petai e'n gapten ar long. Mae Huw yn camu'n syth at y bwced, ac yn codi llond braich o bysgod ohono. Yna, mae e'n cerdded tuag at y bwrdd, cydio mewn cyllell, gosod pysgodyn o'i flaen, a dal y gyllell uwch ei ben yn ddramatig.*

HUW: My name is Hugo and I am of the sea . . .

Saib

HUW: My name is Hugo and I am of the sea. I bring you the 'fineties' of the seasons, the sea's sword sways in my dish *(yn cydio mewn pysgodyn)* aha . . . my mermadian loveladylike you are my . . .

CERYNT: Huw . . .

Huw yn rhedeg i ffwrdd a Cerynt ar ei ôl.

HUW: The things of the sea are thrown upon me . . .

CERYNT: Na . . . dwyn ti'n galw fe . . .

HUW: Curse you who uses the land's tongue, you sea-urchin . . .

CERYNT: Dere â fe 'ma . . .

HUW: My name is Hugo and I am of the sea. Your name is Colin and I conquer thee.

CERYNT: Paid galw fi'n Colin.

HUW: And on the third day Hugo found Colin, the urchin, rare and simple upon the roaring rock, and said . . .

CERYNT: – Ti'n pwsho dy lwc nawr.

HUW: – And said . . .'I take thee, simpleton, to be my awfully wetted life . . .'

Mae'n gwthio y pysgodyn i wyneb Cerynt.

CERYNT: Huw . . .

Mae Cerynt yn cymryd y pysgodyn oddi arno.

HUW: Fydd y cwch 'ma yn y funud . . . the boat that brings the bountiful bride . . .

CERYNT: Ma'r cwch 'di mynd Huw! Pam ddiawl wyt ti dal 'ma gwed?

HUW: *(gan siarad reit mewn i wyneb Cerynt)* We are the boat-swains, and we are the weavers of waves.

CERYNT: Reit.

Mae Cerynt yn cydio yn het Huw ac yn ei wisgo yn gam ar ei ben.

CERYNT: Le ma' dy Saesneg di nawr, *Hugo*?

HUW: *(yn siomedig)* Alla i ddim siarad Saesneg heb yr het. Ti' gwbod 'ny.

CERYNT: Ti wastad di siarad trwy dy het Huw. Ha ha . . .

Mae Huw yn gwgu arno.

CERYNT: O gwena 'nei di'r, bwbach?

HUW: Nai wenu pan glywa i rwbeth doniol, diolch.

CERYNT: Ti 'di mynd yn od Huw. A sai'n lico fe. Ti'n gwbod beth ma nhw'n gweud ond dyt ti. "Gormod o ddrygioni sy'n pylu'r hen Huwie . . ."

HUW: Wyt ti'n moyn rhwbeth neu wyt ti jyst 'di dod lawr 'ma i sbwylio niwrnod i?

CERYNT: Y, atgoffa fi Huw, patsyn pwy yw hwn yn union? A nag 'yt ti fod yn y gwaith beth bynnag?

HUW: Dyw Hugo ddim yn gweithio. Pobl sy'n gweithio *i* Hugo. Fel Colin.

CERYNT: *(gan chwifio ei fys at Huw)* Ah-ah-ah, ni ddim yn gweud y *c word* cofio?

HUW: Wel ti 'di newid dy diwn. Ddo' o't ti'n hollol barod i . . .

CERYNT: Ie, wel *ddo'* o'n i ar fy ngwylie, a *heddi* dwi yn y gwaith. A 'na le ddylet ti fod.

HUW: Fi di gweud 'tho ti, dyw Hugo ddim yn . . .

CERYNT: . . . siarad unrhyw sens o gwbl? Be' ddigwyddodd i ti bore 'ma Huw?

Mae e'n dwyn y het oddi ar ben Cerynt.

HUW: My libidinous lifeboat launches its love against the rocks, calling in ports of passion that purge my liquid desires . . .

CERYNT: – O ddim 'to . . .

HUW:	The night casts her wide net, sweeps ashore the sea's stars . . .
CERYNT:	. . . Paid â gweud bo' ti 'di gadael 'to?
HUW:	He who frames the golden sand, craves for land.
CERYNT:	O, gest ti'r sac 'de.
HUW:	The moon folds black, and the devil's on your back.
CERYNT:	Cau dy ben am y llyfr 'na, fi'n difaru bo' fi erioed 'di dangos e i ti . . .
HUW:	Y llyfr sydd wedi fy achub i.
CERYNT:	Achub ti? Y siaced achub achubodd ti Huw, cofio?
HUW:	Ti 'di colli ffydd yn efengyl Hugo?
CERYNT:	O'dd byth ffydd 'da fi yn efengyl Hugo . . . nonsens yw e Huw!
HUW:	Iawn. Sdim ishe Colin ar Hugo. Y gwas bach.
CERYNT:	Sai'n was i ti. Fi achubodd ti.
HUW:	O, sori, o'n i'n meddwl mai'r siaced achub n'ath 'ny.
CERYNT:	Ie, wel, set ti ddim 'di para'n hir wedyn tase fe ddim am fi . . .
HUW:	A tase fe ddim am Hugo.
CERYNT:	Dyw Hugo ddim yn bodoli.
HUW:	*(Rhoi ei law ar ei galon yn or-ddramatig)* Gwarth! Cabledd!

CERYNT: Wel shwt 'yt ti'n gwbod 'i fod e'n bodoli, hmm? 'Mond fe o'dd 'ma, reit ar y dechre. Lle ma' dy dystion di?

HUW: Ond ma' fe'n gweud yn y llyfr . . .

CERYNT: Rhyw benbwl dwl sgwennodd y llyfr 'na. O'dd 'na ryw foi bach lan yn 'i stydi mewn jodphurs a chrys bach frilly yn cnoi ar yr "ysgrifbin" ac yn sgwennu hanes Hugo mewn rhyw ymgais fach bathetig i adael rhywbeth ar ei ôl e' wedi iddo fe orffen 'i fywyd bach diflas gan obitho fydd rhyw ffŵl, rhywle, yn darllen y stori, yn credu ei fod e'n gampwaith ac yn creu hw ha. A wel *(gan bwyntio at Huw)*, dyma ti'r ffŵl, a dyma ti'r hw ha. Wyt ti'n gweld fy mhwynt i?

HUW: Wel . . . those who reap where they never sowed will still sprout blue legs . . .

CERYNT: Reit. Ti 'di neud hi nawr.

Mae Cerynt yn colli ei amynedd yn llwyr ac yn cydio yn y llyfr gan rwygo tudalennau allan. Mae Huw yn ebychu fel plentyn pwdlyd ac yn neidio ar ben Cerynt. Mae nhw'n rholio o gwmpas y llawr yn rhyw hanner ymladd. Mae Huw yn ennill per i ddechrau ac yn gorwedd ar ben Cerynt gyda'i ddwylo o gwmpas ei wddf.

HUW: My name is Hugo and I am of the sea. Therefore I conquer thee.

Mae'r ddau yn edrych i fyw llygaid ei gilydd, yna, mae Cerynt yn ennill per ac yn gwasgu wyneb Huw mewn i'r llawr. Mae e'n gweiddi yn ei glust.

CERYNT: Huw! Dyna dy enw di. Dim blydi Hugo.

Mae Cerynt ar ben Huw ac yn gwasgu ei ben fel bod ei wyneb cyfan yn crebachu. Mae Huw yn dweud rhywbeth, ond ni allwn ei ddeall.

CERYNT: Sori, cariad?

Mae e'n dweud rhywbeth eto, ond ni allwn ei ddeall. Yna, mae Cerynt yn llacio ei afael ac mae Huw yn siarad.

HUW: Wedes i, ma' rhywun yn dod.

*Ar yr eiliad honno, ychydig tu ôl i'r ddau, gwelwn ferch ifanc (**Lisa**) yn ymddangos. Mae hi wedi'i gwisgo'n smart, menyg, côt a het, ac yn edrych allan o le yn llwyr. Mae hi'n cario llyfr nodiadau, camera, ac mae ganddi feiro y tu ôl i'w chlust. Erbyn hyn mae Cerynt a Huw wedi sythu eu dillad ac wedi codi ar eu traed. Maen nhw'n syllu arni hithau hefyd, yn ansicr, fel pe na baen nhw wedi gweld menyw o'r blaen. Mae hi'n camu'n betrusgar atyn nhw.*

LISA: Ym . . . hai.

Mae Cerynt a Huw yn edrych ar ei gilydd, ac yn ôl arni hi. Nid ydynt yn dweud unrhyw beth, ond syllu arni. Mae'r ferch yn edrych ar ei llyfr nodiadau yn nerfus.

LISA: Ym . . . edrych dwi am . . . ddau ddyn . . . o'r enw Cerynt a Huw?

HUW: Huw dwi a dyma Cerynt . . .

LISA: O! *(gan chwerthin yn uchel)* Hai! *(gan estyn ei llaw)* Lisa dwi . . . o'r "County Wave"? Dwi'n flin bo' fi'n hwyr.

HUW: Ahh, y papur . . . The county wave counts our fate . . .

LISA: Ie, dyna ni. Oeddech chi yn gwbod 'mod i'n dod, ond doeddech chi?

CERYNT: Na.

LISA: Ond 'nes i siarad gyda chi ar y ffôn.

CERYNT: Naddo.

HUW: 'Nes di siarad gyda hi ar y ffôn. Sori am hyn, fel 'ma mae e weithie. Bach yn syml.

CERYNT: Ond sda fi ddim ffôn . . .

HUW: Soniodd Cerynt eich bod chi am ddod draw. Beth am i ni ddechre Leucosia, ie?

CERYNT: Pwy?

HUW: Ma' môr forynion wastad yn hwyr. Yn hala orie dros 'u gwalltie.

LISA: 'Na'i setio fyny. Wel, anaml ni'n cael stori garu mor . . . wahanol – a hynny ar Ddiwrnod Dwynwen! (*Mae hi'n crynu*) Chi ddim yn oer gwedwch?

HUW a CERYNT:
Na.

LISA: O. O wel.

Mae Lisa'n eistedd ar y graig ac yn dechrau gosod meicroffon ar ei dictaffon. Mae Cerynt yn llusgo Huw i un ochr. Maen nhw'n sibrwd.

CERYNT: Ti ishe gweud 'tho fi beth ddiawl sy'n mynd 'mlan?

HUW: Lisa Lovell o'r "County Wave".

CERYNT: Fi'n gwbod 'ny. Beth ddiawl ma' ddi'n neud fan hyn? A beth ddiawl ma' hi'n siarad amdano – stori garu?

HUW: Ma hi 'di dod i neud stori am Hugo. Am bwysigrwydd Hugo i hanes lleol. 'Nes di ffonio hi. 'Nes di weud fod dy ffrind di Huw yn efelychu Hugo ym mhob ffordd a bod

9

ti'n sicr bod hynny'n haeddu cael ei rhannu gyda'r bobl leol. 'Nes di weud gymaint o barch sydd 'da ti tuag ato fe, a sut ma' hen hanes Hugo a Leucosia'n dal i donnu drosto. Out of the blue swell flows her crimson heart . . . Drych (*yn tynnu darn o bapur o'i boced*) . . . ei henw hi mewn coch, crimson heart, Lisa, Leucosia . . . Hi yw'r un, hi yw'r mermadian loveladylike . . . hebddi hi does 'na ddim Hugo. Ti'n gweld nawr?

CERYNT: Fi wir yn meddwl bod angen gwylie arnot ti.

Mae'r ddau yn cael eu dallu gan 'glic' enfawr y camera, wrth i Lisa gymryd llun ohonyn nhw. Mae'n chwerthin yn uchel.

LISA: Lyfli. Fi'n lico neud nhw mor naturiol ag sydd bosib ch'mod . . . Wel, man a man i ni ddechre, ife?

HUW: Iawn. Well i ti adael ni i fwrw 'mlan, Cerynt.

LISA: O na . . . 'ma safbwynt Cerynt yn hollbwysig.

HUW: Ma fe'n gorfod gweithio, ond dyt ti Cerynt?

CERYNT: Fi'n siŵr alla'i sbario cwpwl o funude . . . gan mod i'n hollbwysig . . .

LISA: O, da iawn yn wir. Wy'n siŵr fod 'da ti lot i'w gynnig.

CERYNT: O oes. Nid morwr cyffredin mohonof.

Mae'r ferch yn chwerthin. Mae Cerynt yn chwerthin mewn ymateb. Mae hyn yn gwneud i'r ferch chwerthin yn uwch. Mae Cerynt yn chwerthin eto ac mae'r ferch yn ymateb eto – hyd nes bod Cerynt, sydd 'mond yn esgus ei fod yn chwerthin, yn dechre teimlo braidd yn annifyr. Mae Huw sydd nawr yn eiddigeddus o hyn, yn trio denu sylw trwy fynd at y bwrdd a chwalu cranc arall gyda'i forthwyl. Mae'r ddau yn stopio chwerthin ac yn syllu arno.

HUW: Reit! Ewn ni 'mlan â'r cyfweliad 'te, ife?

LISA: *(mewn syndod)* O . . . ie . . . wrth gwrs. Reit 'te.

Mae'r tri yn eistedd i lawr wrth ymyl y graig. Mae Lisa yn gwasgu 'record' ar y tâp ac yn dal y meicroffon at ei cheg.

Reit, dwi yma nawr ar draeth Llin-ysywen yn cynnal cyfweliad gyda Cerynt a Hywel . . .

HUW: Huw.

LISA: Wps, sori, Huw. A dyna ni, ar draeth Llin-ysywen, traeth lle glaniodd Hugo . . . beth bynnag . . . ac er fod yna lawer o bobl . . . *(saib)* . . . sori dwi'n meddwl . . . ym . . . lawer o bobl yn credu mai nonsens pur oedd chwedl . . . ym . . . rah rah rah . . . dwi'n llenwi'r blancs mewn wedyn, blah blah di blah . . . ond ma' 'na rai sy'n credu bod ysbryd Hugo yn dal yn fyw, cymaint felly fel eu bod yn efelychu'r ffigwr hwnnw drwy fyw bywyd yn union trwy lyfr Hugo . . . Nawr, gyda fi fan hyn y mae Cerynt a Huw, sydd yn aml i'w gweld ar borthladd Llin-ysywen yn traethu o'r llyfr, rhywbeth y mae nifer o'r twristiaid wedi dechre edrych ymlaen amdano . . . Nawr 'te, fechgyn, ers pryd yr ych chi wedi nabod eich gilydd?

Mae Huw yn gwthio ei wyneb i'r meic cyn i Cerynt gael cyfle i wneud dim byd.

HUW: Wel, Lisa, fel rych chi'n gwybod, dynion o'r môr yw Cerynt a finne hefyd, fel yr hoffus Hugo, ac un diwrnod roeddwn yn ddigon ffodus i fod ar yr un cwch yn teithio i Lin-ysywen . . .

CERYNT: Wel ma' hwnna'n un ffordd o rhoi e . . .

HUW: Gweithio ar y llong oedd Cerynt, wrth gwrs, ac ro'n innau'n mynd ar fy ngwyliau.

CERYNT: Gwylie?

HUW: Ac ers hynny, wrth gwrs, yr ydym wedi cael ein huno gan ein hoffter o hanes Hugo . . .

LISA: A Leucosia . . . pryd ddath hi'n rhan o hanes Hugo?

HUW: *(yn gosod ei law ar ei llaw hi wrth gydio yn y meicroffon)* Ma' Leucosia yn agosach nag wyt ti'n feddwl.

Mae Cerynt yn cydio yn y meicroffon ond mae Huw, sydd â'i law dros law Lisa, yn gwrthod ei roi iddo. Am eiliad, mae'r tri ynghlwm â'r meicroffon nes bod Cerynt yn ennill.

CERYNT: Y tro cyntaf i mi gyfarfod Hugo, yr hwnnw a'i adwaenir unwaith fel Huw, roedd e'n pwyso dros ochr fferi yn chwydu. Nid salwch môr chwaith, ond salwch wisgi. Gwraig wedi'i adel e . . . plant ddim ishe'i weld e . . . bywyd yn ddu.

Mae llygaid Huw yn rhewi, fel petai e'n trio gwaredu'r hyn y mae Cerynt yn ei ddweud o'i feddwl. Mae e'n mynd at Lisa ac yn dechrau chwarae gyda'i gwallt hi.

CERYNT: Felly, dyma Cerynt, y morwr bach tlawd, yn mynd draw i siarad ag e. Ni'n gweld lot o'r math 'na o beth t'mod, ar y fferis, dynion yn meddwl mai'r ateb gore i unrhyw beth yw bod mas ynghanol y môr mawr glas achos . . . wel . . . dyw'r môr ddim yn rhywbeth cadarn, odi e? . . . Ma' gen ti esgus bron, i fod yn wan, yn ddi-siâp, bach yn wallgo . . . a wedyn os ti dal ddim yn teimlo'n well . . . wel, alli di wastad taflu dy hun mewn i'r dŵr . . . neith hwnna ddim dy farnu di . . . neith e just dy ladd di gyda halen . . .

HUW: Crimson heart in the eye of the storm . . .

Mae'n amlwg fod Cerynt wedi dechrau codi ofn ar Lisa oherwydd mae'n dechrau pacio ei stwff i fyny.

CERYNT: Ac er gwaetha'r holl ddoethinebau nath Cerynt ei rannu gyda'r dyn gwirion yma, nath e dal neidio mewn i'r dŵr ond 'do? Y tro olaf i fi weld yr artist a'i adwaenir fel Huw, Hugo, sori, blah blah blah, dwi'n llenwi'r blancs mewn wedyn, o'dd pan o'dd ei ben ôl bach e'n chwyrlio tuag at y dŵr. Ond, ti'n gwbod beth? O'dd y cwch yn yr harbwr – glywest ti'r ffasiwn beth? Aros tan bod ni yn yr harbwr a wedyn neidio – dyna ti ddyn dewr . . . a ti'n gwbod beth sydd fwy pathetig? O'dd e'n gwisgo siaced achub.

Mae Lisa yn cerdded yn frysiog tuag at Cerynt, fel petai hi am ddweud wrtho ei bod hi'n mynd.

LISA: Cerynt . . .

CERYNT: A'r peth nesa' dwi'n gwbod ma' fe'n troi lan fan hyn, esgus bod e ddim yn cofio dim. Lwyddes i ga'l swydd fach deidi iddo fe hefyd, t'mod, ond ma' fe di llwyddo i sbwylo hyd yn oed hwnna nawr . . .

LISA: Dwi'n meddwl bod hi'n amser i fi fynd.

CERYNT: *(yn ddi-hid)* O 'na ni 'te, diolch am ddod. Gobeitho gest ti dy stori. Edrych 'mlan at weld yr erthygl . . . gad ni wbod pryd fydd e mas . . .

LISA: Ym . . . ie . . .

Mae hi'n troi at yr harbwr ac mae Cerynt yn ei gwylio'n mynd.

CERYNT: Merch neis, ond gredith hi rywbeth cofia. Woman akimbo, underwear-a-out-a-window, flesh exposed like a . . .

HUW: — O'n i'n lico hi.

CERYNT: Bimbo.

HUW: Hi odd hi. Hi odd Leucosia.

CERYNT: Nage.

HUW: Ie.

Saib

CERYNT: Ti moyn mynd lawr i'r harbwr i weld y cwch yn dod mewn?

HUW: Na.

CERYNT: O, c'mon.

HUW: Wel, mond os fi'n cal yr het nôl.

CERYNT: Iawn. Ti'n well fel Hugo, eniwe. Ma' Huw'n rhy . . . hallt.

Mae e'n gosod yr het nôl ar ben Huw.

HUW: My name is Hugo and I am of the sea . . .

CERYNT: . . . with the sea's grace I conquer thee . . .

Y GWESTY

Drama un act

gan ANGHARAD ELEN

CAST:

        SERA

        BAMBI

        LLONGWR

Cegin mewn gwesty. Nos.
Daw'r golau i fyny ar yr ystafell wag. Mae **Bambi** *yn gorwedd ar ei 'stumog yn darllen llyfr. Yna agorir drws a daw* **Sera** *i mewn yn gwthio troli bwyd gyda disgl treiffl gwag arni a phowlen o gwstard.*

SERA: Bore 'ma dwi mynd i neud treiffl, y gora'n y byd.

Mae Sera yn mynd yn ôl i'r gegin i nôl teisen sbwng, jam a photel o sherry.

Mae'n rhaid i mi gofio, dim jeli. Ia, 'na fo, dim jeli. Mae o'n gneud yr holl dreiffl yn hen sdwnsh gwlyb.

Mae Sera yn mynd yn ôl i'r gegin a dod ag eirin gwlanog a hufen chwistrell.

Ma isho i chdi flasu'r gacan yn iawn, teimlo'r ffrwyth melys rhwng dy ddannedd, y cwstard oer hufennog yn toddi ar dy dafod. Ma pawb yn deud ma'n nhreiffl i 'dy'r treiffl gora'n y byd gan gynnwys y gŵr.

Mae Sera'n petruso am eiliad. Edrycha Bambi ar Sera.

SERA: Cacan spynj, jam mafon, sherry, ffrwythau tun, cwstard, hufen chwistrell a digonadd o addurniada i goroni'r cwbwl ac i wironeddol neud i bob dim edrach yn *special*.

BAMBI: *(Yn darllen)* Safai ger yr harbwr, a'i llygaid aflonydd yn chwilio'r gorwel. *(Sylla Bambi ar Sera)* Ysai am glywed corn yn seinio, corn y cwch yn seinio drwy'r niwl.

SERA: Reit 'ta . . . haen drwchus o jam mafon i selio'r sbynj i ddechra. S'im isho bod yn shei. Jam mafon . . . 'mond jam mafon neith . . .

BAMBI: Meddyliodd am ennyd ei bod wedi gweld y cwch. Llamodd ei chalon i'w gwddf.

Mae Sera yn dechrau synfyfrio.

> Ond y niwl oedd yn ei thwyllo a'i gymylau twyllodrus ar wyneb y dŵr.

Mae Sera yn dod allan o'i pherlewyg ac yn edrych ar y cynhwysion sydd o'i blaen fel be bai'n eu gweld am y tro cyntaf.

SERA: O, ia . . . ia siŵr . . . a gosod y darna 'ma yn y ddysgl dreiffl yn ofalus. Ma hi'n bwysig cael dysgl fawr grand fel hon er mwyn i'r treiffl edrych ar ei ora, 'te. Y manylion bach sy'n bwysig.

BAMBI: *(Yn nesáu at Sera)* Weithiau, mae hi'n gweld ei hun yno, ar yr ochr draw, yr haul yn boeth ar ei gwar, ac awel felys y palmwydd yn dawnsio yn ei gwallt.

SERA: Ffrwytha . . . A ffrwytha tun bob tro. A'u gosod nhw'n daclus ar ben y gacan sbynj ma 'ŵan, *like so* . . .

BAMBI: Ac yntau, yno wrth ei hochr . . .

Mae Sera yn dechrau synfyfyrio unwaith eto.

SERA: "The man from Del Monte" . . .

BAMBI: . . . yn sefyll yn dalog a'i siwt yn union fel yn y llun.

Mae'n edrych allan drwy'r ffenest.

> Lle w't ti? . . .

SERA: Be os 'dio'm yn licio treiffl? Be feddylith o ohona i? Gorod mynd i'w wely heb bwdin! Mi ddyliwn i fod wedi gneud rwbath arall wrth gefn. Rhyw lemon spynj, neu roli poli jam. Mi fydd o yma mewn munud . . .

Clywn gorn cwch yn seinio yn y pellter.

BAMBI: Yna, seiniodd gorn y cwch! A chyflymodd curiad ei chalon, fel mil o loÿnnod byw yn dirgrynu dan ei bron.

SERA: Mae pawb yn licio sherry trifle? Yndyn siŵr.

BAMBI: Chwilio a chwilio drwy'r gwynebau di-ri fe'i gwelodd!

Mae Bambi yn edrych allan yn llawen ar ddyn yn y ffenest. Mae'r dyn yn gwisgo siwt smart ac yn sefyll yn stond, yn syllu arni.

Mi ddoist fy nghalon, mi ddoist!

Clywn gerddoriaeth y Tango.

SERA: Rŵan, y sherry! Sbrincl bach o sherry, dros y cwbwl

LLONGWR: Fy nghariad gwyn . . .

BAMBI: Mi ddoist!

Mae'r dyn yn camu i mewn i'r ystafell ac mae'n dawnsio'r Tango gyda Bambi.

SERA: . . . a 'ŵan y cwstard! Llyfn braf . . . Fel sanna sidan . . . a dillad gwely . . .

BAMBI: Paid â ngadael i . . .

LLONGWR: Nid am y byd.

SERA: Nefoedd ar y ddaear!

Mae'r ddau yn dawnsio'r Tango nes fod Bambi yn gorwedd ar ei hyd ar y llawr. Yna, clywn gorn cwch y fferi tu allan a daw'r ddawns i ben yn sydyn. Mae'r dyn yn diflannu trwy'r ffenest. Mae Bambi yn syllu'n gegrwth arno'n mynd.

SERA: Ac mae o'n blasu fel nefoedd ei hun . . .

Mae Bambi yn rhuthro at y ffenest ac yn dechrau gweiddi yn ddagreuol drwyddi.

BAMBI: Clwydda!

SERA: Rŵan . . .

BAMBI: 'Mond ffenast fudur . . .

SERA: Pwyll pia hi . . .

BAMBI: . . . hen ffenast fudur!

SERA: *(Yn frysiog)* . . . dechra o'r canol allan, mewn cylchoedd.

Mae Sera yn gorchuddio'r treiffl gyda hufen. Mae hi'n estyn bocs o geirios glacé.

SERA: Y ceirios coch 'ma. A dyna 'ny. Mi fydd o wrth ei fodd . . .

BAMBI: Pwy?

SERA: Ol y *gentleman*. Pwy arall?

Mae Sera yn estyn bocs o 'hundreds and thousands' a'u rhoi ar ben y treiffl.

BAMBI: Calliwch . . . calliwch . . . jyst calliwch, newch chi!?

Mae Bambi yn gwylltio'n lân ac yn gwthio'i dwylo i ganol y treiffl.

SERA: Be feddylith o ohona i a'r treiffl ma'n sdwnsh i gyd? Dwi'n ddynas browd . . . dwi 'di cadw tŷ ers bron i ugian mlynadd. Ddaw o ddim ar y nghyfyl i eto. Ac mi ddudith wrth bawb mod i'm ffit.

BAMBI: Shhhhd, 'ŵan. Peidiwch â phoeni.

SERA: Ond be geith o i bwdin? Fedra i mo'i yrru fo i'w wely heb bwdin, siŵr iawn.

BAMBI: Be' geith pwy i bwdin?

SERA: (*Yn ddryslyd*) Be?

BAMBI: Does 'na neb yn aros yma.

SERA: Ond . . . ond, mi ffoniodd o . . . ma'r enw yn y llyfr . . .

BAMBI: Does 'na neb.

SERA: Na, na, na! Ti'n fy nhwyllo i, yn fy nrysu fi.

BAMBI: Da 'ni'n iawn yn fama, jyst y ddwy ohono ni . . .

SERA: Mi fydd o yma yn y munud, ac ma' gin i lond gwlad o betha i neud hebdda chdi'n mwydro mhen i.

Mae Bambi yn rhoi mwythau i wallt Sera yn famol.

Saib

        Dos o dan draed 'ŵan.

Saib

        Ma gin i betha i neud . . .

BAMBI: Da' ni'n iawn, mam.

Mae Bambi yn eistedd ar erchwyn y ffenest, a'i llygaid aflonydd yn chwilio'r gorwel ddydd a nos, nos a dydd, heb flino.
Mae Sera yn tawelu ac yn dechrau gadael i lais melfedaidd Bambi olchi drosti.

Saib

        Rhyw ddydd mi ddaw o adref, mae hi'n siŵr o hynny, yn 'i siwt, yn union fel yn y llun.

Mae'r golau yn gostwng.

Y DADEBRU

Drama un act

gan ANGHARAD DEVONALD

CAST:

       MEILYR (IAU)

       MEILYR (HŶN)

       DYDDGU

       DELYTH

Yn y tywyllwch, sŵn ffôn yn canu. Clywir rhannau o'r ddeialog yn unig drwy gerddoriaeth a sain.

MEILYR: Haia Delyth? . . . Meilyr. Meilyr? . . . Na iawn. Ti'n iawn? . . . Odw, ffein . . . O'n i'n meddwl falle gallen ni gwrdd . . . Ydw . . . Pryd sy'n gyfleus i ti? . . . Heddi? . . . Fory 'te . . . dau? Ok, un . . . O'n i awydd mynd i'r traeth. Be' ti'n feddwl?. . . Traeth bach . . . Ti'n gwybod le mae e? . . . Ok. Wela'i di fory 'te. Edrych mlaen . . . Ta ta . . . Ta'ra.

GOLYGFA 1

*Ar ochr chwith y llwyfan mae **Meilyr (hŷn)** yn sefyll ar y traeth yn aros am rywun. Mae'n ymddangos yn lletchwith ac ychydig yn nerfus. Mae ganddo dusw mawr o flodau. Mae'r traeth yn wag. Mae Meilyr yn hel meddyliau.*

*Ar ochr dde y llwyfan ymddengys **Meilyr (iau)** bum mlynedd ynghynt. Unwaith eto fe ymddengys ychydig yn lletchwith. Yn ei law mae pedwar can o gwrw.*

*Ar ôl ychydig eiliadau daw **Delyth** i mewn o ochr chwith y llwyfan a mynd yn syth at Meilyr. Delyth yn tynnu sylw Meilyr (hŷn) o'r atgof o'r ddau iau.*

DELYTH: Meilyr . . ?

MEILYR (H): Delyth . . ?

DELYTH: Ie.

Saib

Sori bo' fi bach yn hwyr. Problem yn gwaith.

MEILYR (H): Dim byd mawr gobeithio?

DELYTH: Na . . . dim fel'ny. Jyst cyfarfod yn rhedeg tipyn yn hwyr.

Saib

DELYTH: Wel . . . helo!

MEILYR (H): Ie – Neis cwrdd â ti o'r diwedd! Rhain i ti. Wrth gwrs. Ie. Sori . . . Y blodau i ti . . .

DELYTH: O'dd dim isie i ti.

MEILYR (H): O'n i moyn.

DELYTH: Ma' nhw'n bert.

MEILYR (H): Ti'n siŵr bo ti'n lico nhw?

DELYTH: O'dd dim isie i ti.

Saib

Ddes i â rhywbeth i ti hefyd.

MEILYR (H): Do?

DELYTH: Elli di ddal rhain i fi?

Mae'n mynd i'w bag ac yn estyn parsel bach.

Dyw e ddim yn ddiddorol iawn, ond meddwl, ti'n gwbod . . . Wedes di bo' ti'n lico fe . . .

MEILYR (H): Diolch.

DELYTH: Wel agor e 'te.

Yn y broses o gyfnewid blodau ac ati mae'r ddau yn cyffwrdd, ac yn tynnu yn ôl yn or-gyflym. Eiliad lletchwith arall.

MEILYR (H): Ie, sori . . . wrth gwrs . . .

Mae'n dechrau agor y parsel bach. Mae Meilyr yn dechrau chwerthin eto.

DELYTH: 'Na'r un iawn ife?

MEILYR (H): Mae'n berffaith.

DELYTH: O'n i ddim yn sylweddoli bo' cymaint o gaws gwahanol yng Nghymru! *Tintern Abbey* wedes di yn dy lythyr di.

MEILYR (H): Wy'n synnu bo' ti wedi cofio.

DELYTH: Checkes i fe!

MEILYR (H): Mae'n berffaith. Diolch i ti.

Eiliad lletchwith wrth i Meilyr ystyried p'run ai i gusanu Delyth ai peidio. Mae ffôn symudol Delyth yn canu.

DELYTH: Sori, esgusoda fi . . .

MEILYR (H): Rhywbeth pwysig?

DELYTH: Gwaith, fydda'i ddim eiliad nawr.

*Ymddengys **Dyddgu**. Mae'n cerdded at Meilyr **(iau)**. Mae ganddi wydred o win yn ei llaw.*

DYDDGU: Haia . . .

MEILYR (I): . . . Haia!

DYDDGU: Ti'n iawn?

MEILYR (I): Ydw, ydw. Gwd, diolch.

DYDDGU: Moyn rhannu?

MEILYR (I): Ie, wrth gwrs, pam lai?

Mae'n agor can ac yn ei estyn iddi cyn agor can ei hun.

DYDDGU: Diolch. Ti ar ben dy hunan?

MEILYR (I): Sori?

DYDDGU: Ti 'ma ar ben dy hunan?

MEILYR (I): Ydw, wel sort of. Ddes i 'da cwpl o ffrindie coleg, ond ma' nhw off draw m'yna rhywle.

DYDDGU: Reit . . . Sori, beth yw dy enw di?

MEILYR (I): Wrth gwrs. Ie. Sori. Meilyr . . .

DYDDGU: Dyddgu.

MEILYR (I): Haia.

Mae Delyth yn rhoi ei ffôn yn ei phoced. Mae Meilyr wrthi'n torri darn o'r caws iddi.

MEILYR (H): Mae'n blasu'n well os wyt ti'n ei rannu fe.

DELYTH: Reit.

Mae'r ddau'n dechrau cnoi.

MEILYR (H): Ti wir yn anghofio gystal ma' pethau'n gallu blasu.

DELYTH: Ma' fe'n neis.

Saib

Mae'n bert ondyw e?

MEILYR (H): Odi.

DYDDGU: Ffansi crwydro? Mynd am dro?

MEILYR (I): Ie, pam lai . . .

MEILYR (H): Eisteddwn ni fan hyn ife? Fi'n falch ddes di.

DELYTH: Ie.

MEILYR (H): O'n i ddim yn siŵr bydde ti.

DELYTH: Pam?

MEILYR (H): S'dim lot o bobl moyn 'y ngweld i dyddie 'ma.

DELYTH: Na.

Saib

DELYTH: Bron i fi beidio, ti'mod.

MEILYR (H): Sai'n synnu.

DELYTH: Dim achos . . . ti'mod, ond o'n i ddim yn siŵr.

MEILYR (H): Ofn?

DELYTH: Falle.

MEILYR (H): Ti 'ma, nagyt ti?

Saib

So ti'n edrych fel o'n i'n meddwl bydde ti.

DELYTH: Na?

MEILYR (H): O'n i'n meddwl byddet ti'n llai smart, gwallt golau . . .

DELYTH: Wir?

MEILYR (H): Ie. Sai'n gwbod pam chwaith. Creu delwedd o dy ysgrifen di neu rywbeth.

DELYTH: Sori.

MEILYR (H): Na. Sai'n lico blondes!

Saib

Ymddengys Meilyr (iau) a Dyddgu.

DYDDGU: . . . a na'th hi ddeffro bore wedyn 'da'i thrywsys lledr newydd hi rownd ei thraed!

MEILYR (I): Na!

DYDDGU: Do! Paid ag edrych mor shocked! Ma'r pethe 'ma'n digwydd.

MEILYR (H): Nes i feddwl gofyn i ti am lun . . . ond wedyn o'n i ddim yn siŵr.

Saib

MEILYR (H): Ydw i'n debyg?

DELYTH: Wyt – eitha. O'n i'n meddwl bydde ti'n fwy ond ar wahân i 'ny . . . O'n i ofn bydden i'n cyrraedd a ddim yn dy nabod di, ond wedyn . . .

MEILYR (H): O'dd neb arall 'ma!

DELYTH: Na!

Ar ochr dde'r llwyfan mae Meilyr (iau) a Dyddgu yn dod i ddiwedd yr ail gan.

DYDDGU: Ti moyn un arall?

MEILYR (I): Sdim 'da fi.

Saib

Mae'n tynnu potel o fodca o boced ei chôt a photel o coke o'r boced arall.

DYDDGU: Fi'n fo'lon rhannu.

Saib

Mae ffôn Delyth yn canu eto.

DELYTH: Typical, sori!

MEILYR (H): Ma' rhywun yn boblogaidd

DELYTH: Just 'yn chwaer i . . . sori.

MEILYR (H): Man 'yn o'dd un o'r llefydd diwetha fues i . . .

DELYTH: Cyn . . .?

MEILYR (H): Ie – mewn parti.

DELYTH: Atgofion da?

MEILYR (H): Dim fel 'ny, ond o'n i moyn dod nôl ma.

Ymddengys Meilyr (iau) a Dyddgu.

MEILYR (I): . . . ac ar y ffordd gytre, na'th y boi 'ma droi at ei fam a gweud "Gwranda . . . Paid byth . . ."

Mae Dyddgu yn estyn draw ac yn ei gusanu'n ddwfn. Mae yntau'n ymateb. Ar ôl ychydig eiliadau mae Meilyr yn tynnu yn ôl.

MEILYR (I): Ti ddim moyn clywed diwedd y stori?

DYDDGU: Na dim rili. Dim bo' fi'n meddwl bo' ti'n aniddorol na dim byd . . !

Maent yn cusanu.

MEILYR (H): Diolch i ti. Am bopeth.

DELYTH: Paid â bod yn sofft.

MEILYR (H): Fi'n serious . . . diolch.

DELYTH: O'dd yr erthygl 'na ddarllenes i'n gweud mor unig o'dd pobl yn gallu teimlo a bod cael rhywun yn ysgrifennu atyn nhw – rhywun dieithr yn gallu bod yn help mawr.

MEILYR (H): Mi oedd e.

DELYTH: O'n i moyn i ti wybod bo' ti'n gallu troi ata'i os oedd angen trafod unrhyw beth.

MEILYR (H): Wy 'di cadw nhw i gyd.

DELYTH: A fi.

MEILYR (H): Do fe?

DELYTH: O'n i'n meddwl falle licen 'u darllen nhw 'to. Ti 'di newid lot mewn pum mlynedd.

MEILYR (H): Sa'i fel'na 'da pawb. Wy'n dy drysto di.

MEILYR (I): Ti moyn mynd rhywle arall?

DYDDGU: Dim fel 'ny.

MEILYR (I): Rhywle preifat?

DYDDGU: Na.

MEILYR (I): Ti lico bod mas tu fas.

DYDDGU: Falle.

Mae Dyddgu yn ei dynnu ato a'i gusanu.

Mae Meilyr (hŷn) yn sydyn iawn yn plannu cusan ar wefus Delyth. Dyw hi ddim yn siŵr sut i ymateb ond mae chwerthiniad bach nerfus yn dianc ohoni.

DELYTH: Beth yw'r plans nawr 'te?

MEILYR (H): Wy moyn priodi, cael plant, creu cartref . . . Be' ambyti ti?

DELYTH: Rhywbeth tebyg.

MEILYR (H): Ti'n meddwl nelen i ŵr da?

DELYTH: Ti'n sicr yn ffyddlon.

MEILYR (H): Sai moyn bod ar ben 'yn 'unan '.

Mae Dyddgu yn agor botymau crys Meilyr. Mae'n gosod ei llaw ar ei frest.

MEILYR (I): O ie?

DYDDGU: Jyst moyn gweld . . .

MEILYR (I): Ti ddim yn gweld gyda dy ddwylo . . .

DYDDGU Fi yn! Fi'n sbesial!

Maent yn rhannu cusan.

DELYTH: Wedes di fyth . . . pam o'ti mewn 'na?

MEILYR (H): Sai'n credu fod e'n bwysig rhagor.

DELYTH: Sori.

MEILYR (H): Sai 'di gweud wrth neb rili. Mae'n anodd.

DELYTH: Falle bydde trafod y peth yn gallu dy helpu di.

MEILYR (H): Ti'n 'yn nhrysto i?

DELYTH: S'dim rheswm 'da fi beidio, os e?

Mae dwylo Dyddgu tu mewn i grys Meilyr. Mae yntau'n dechrau agor botwm uchaf ei chrys hithau.

DYDDGU: Be' ti'n neud?

MEILYR (I): Mae 'mond yn deg . . .

Mae Meilyr a Delyth mewn tawelwch.

MEILYR (H): Ti'n oer?

Mae Meilyr yn cynnig ei fraich iddi.

DELYTH: Na, na fi'n iawn. Ti'n oce?

MEILYR (I): Nagyt ti'n neud hwn yn hawdd i fi . . .

DYDDGU: Falle nagw'i moyn.

MEILYR (H): Ti isie plant 'fyd 'te?

DELYTH: Odw – rhywbryd.

Saib

MEILYR (H): Ni'n dau yn eitha tebyg yn y bôn nagyn ni?

DELYTH: Odyn s'bos.

MEILYR (H): Ti'n mynd i gadw mewn cysylltiad 'da fi?

DYDDGU: Na!

MEILYR (I): Na?

DELYTH: Sai di meddwl

DYDDGU: Na!

MEILYR (H): Ma' 'da fi anrheg arall i ti.

DYDDGU: Na! Sai moyn

MEILYR (I): Beth sy'n bod arnat ti!

Mae Meilyr (iau) yn cydio yng ngwddf Dyddgu ac yn ei thynnu yn araf i'r llawr.

Mae'r symudiad yma yn parhau wrth i Meilyr a Delyth ddweud y geiriau canlynol. Clywn sŵn ton anferth yn torri.

MEILYR (H): O'n i moyn gofyn rhywbeth i ti.

DELYTH: Meilyr?

MEILYR (H): Mae'n amlwg bod ni'n dou moyn r'un peth.

DELYTH: Na. Sa'i moyn.

MEILYR (H): Wrth gwrs bo' ti.

DELYTH: Gad fi fod.

Mae Delyth yn gwthio Meilyr oddi wrthi ac yn rhedeg i ffwrdd wrth i Dyddgu ryddhau ei hun oddi wrth Meilyr (iau) a rhedeg i ffwrdd.

Cwyd Meilyr ar ei draed a chau ei grys wrth edrych o'i gwmpas mewn ofn.

MEILYR: Be' sy'n bod arna' ti?

Mae Meilyr yn codi'r blodau i fyny wrth i'r golau ddiffodd.

CHWARA' PLANT

Drama un act

gan NIA WYN ROBERTS

CAST:

        LUCY

        REBECCA

        MATTHEW

Mae merch fach wyth oed yn eistedd ar lan y môr, yn chwarae efo casgliad o gregyn. Mae hi'n eu rhoi mewn dau bentwr.

*Mae hi'n codi ac yn mynd i chwilio am fwy o drugareddau. Mae hi'n pigo ambell garreg, pluen ac ati, cyn darganfod pren hufen iâ. Mae hi'n gollwng y cerrig ac yn chwarae efo'r pren, gan gymryd arni fwyta'r hufen iâ. Mae **Rebecca** yn dechrau chwibanu tiwn.*

*Mae hi'n gosod y pren yn ei phoced ac yn mynd at bentwr o wymon. Mae hi'n sylwi ar y pentwr gwymon ac yn ei brocio gyda darn o bren ac yn darganfod 'slywen wedi marw. Daw **Lucy**, ffrind dychmygol, i sefyll ati.*

LUCY: Be' 'di hwnna?

REBECCA: Dwi ddim yn siŵr iawn . . . dwi'n meddwl mai rhyw fath o bysgodyn ydi o . . . neu neidar . . .

LUCY: Ydi neidar yn byw ar lan y môr?

REBECCA: Albert 'di enw fo 'sti.

LUCY: Pw! Ma'n drewi dydi?!

REBECCA: Mae o 'di marw, ti'n gweld. Dyna pam ma' 'na ogla.

LUCY: Ti'n meddwl dylian ni 'i gladdu fo?

REBECCA: Be'?

LUCY: Dyna ma' nhw'n neud efo pobol 'di marw de?

REBECCA: Na! Fedran ni ddim! Ddim yn syth bin. Ti ddim yn gallu jyst claddu fo fel'na 'sti. Dydan ni ddim yn barod, nac'dan? Ma'n rhaid i ni edrach yn smart does? Reit, ista'n fa'na . . . na'i neud dy wallt di.

Mae Lucy yn eistedd i lawr ac mae Rebecca yn dechrau chwarae efo'i gwallt hi.

REBECCA: Iawn madam . . . be' fasa chi'n licio? Heddiw ma' gynno ni 'special offer' ar 'variety of colours' . . . "deep plum", "red hot fire" . . . neu be' am dorri? Na, dwi'n meddwl mai plethan fasa'n siwtio chi ora'. Ia, plethan! Ydi madam yn mynd i rywle sbesial heddiw?

LUCY: Angladd

Saib

REBECCA: Dwi'n gw'bod fod Albert 'di marw . . . achos dydi o ddim 'di symud ers i fi weld o. Dyna pryd ti'n gallu deud. Ti'n gw'bod be' 'di marw dwyt?

LUCY: Pan ti'n mynd i fyny i'r Nefoedd?

REBECCA: Ia. Fyny fa'na. Jyst uwch ben y cymyla, ti'n gweld? Lle gwyn ydi o, ma'n rili tawal yna.

LUCY: Mwy tawal na fa'ma?

REBECCA: Dim smic.

LUCY: Fydd Albert ar ben ei hun?

REBECCA: Dwi'n meddwl bo' rhywun yn edrach ar 'i ôl o. Reit, na chdi . . . dwi 'di gorffan. Ti'n edrach yn biwtiffyl!

Mae Lucy yn codi.

REBECCA: G'na di'n ngwallt i rŵan, oce? A cymra dy amsar, achos ma'n bwysig i fi edrach y dela dydi? Gan mai fi ffendiodd Albert. Fi 'di ffrind gora fo felly ynde?

Mae Lucy yn dechrau plethu gwallt Rebecca.

LUCY: Ydan ni fod i grïo nawr?

REBECCA: Ydan.

LUCY: Dyna ti fod i wneud mewn angladd.

REBECCA: Ond pam nath dad ddim crïo 'ta?

Distawrwydd

REBECCA: Ma'n bechod bo' ffrindia Albert methu dod, dydi? Ond sgin i'm syniad lle ma' nhw. Mi fydd raid i ni'n dwy neud tro. A'r gwenidog 'de. Ti'n gorfod ca'l un o'r rheini.

*Daw **Matthew**, ffrind dychmygol arall, i sefyll atyn nhw yn gwisgo sbectol.*

Mae Lucy wedi gorffen plethu gwallt Rebecca.

REBECCA: Reit! Da' ni'n barod rŵan.

Mae'r tri yn mynd i sefyll wrth ymyl y 'slywen.
Mae Matthew yn dal ei ddwylo ac yn dechrau pregethu.

MATTHEW: Annwyl gyfeillion, da' ni gyd wedi dod at ein gilydd heddiw mewn awr o dristwch i gladdu cyfaill hoff a thyner – Albert. Da' ni gyd yn cofio Albert fel person . . .

REBECCA: Stop! Doedd o ddim yn berson siŵr iawn! Pysgodyn o'dd o. Lucy, rho dy ben i lawr fatha fi.

LUCY: Oce.

MATTHEW: Da' ni gyd yn cofio Albert fel pysgodyn annwyl iawn . . . Wastad yn barod i helpu eraill. Bob amsar â gwên ar 'i wyneb . . .

REBECCA: Dudwch am yr amsar pan o'dd fo a'i ffrindia yn nofio yn y môr . . .

MATTHEW: Un drwg o'dd Albert, wastad yn dianc pan o'dd 'i fam o ar y ffôn, i fynd i 'neud dryga efo'i ffrindia. Roeddan nhw wastad yn mynd i le arbennig, i chwara', lle tawal . . . yn union fatha'r Nefoedd. A dyna pam da' ni'n gobeithio y byddi di'n hapus iawn i fyny yna . . .

REBECCA: Wrth gwrs fydd o! Neith taid edrach ar 'i ôl o! O'dd o'n licio pysgod. Reit . . . Amen!

MATTHEW a LUCY:
Amen!

REBECCA: Pawb i ddechra hel petha rŵan, er mwyn i ni allu'i gladdu fo.

Mae'r tri yn dechrau casglu gwymon, cregyn, cerrig. Mae Lucy yn rhoi darn o wymon ar ben y 'slywen.

REBECCA : Na! Dim eto! Da' ni ddim yn gallu'i gladdu fo eto.

Maent yn parhau i hel deunydd ac yn eu rhoi mewn pentwr yn y canol wrth ei ymyl.

LUCY: Dylian ni ganu iddo fo? Fel nathan nhw yn angladd dy daid?

MATTHEW: Da' ni ddim yn gw'bod be' 'di'i hoff gan o, nacdan?

REBECCA: Dwi'n gw'bod. Ddudodd o wrtha fi, yn ddistaw bach . . .

Mae Rebecca yn dechrau canu – "Dwy Law yn Erfyn".

REBECCA: "Dwy law yn erfyn sydd yn y darlun

> Wrth ymyl fy ngwely i.
> Bob bore a nos ma'r weddi'n un dlos
> Mi wn er na chlywaf hi."

Mae Matthew a Lucy yn ymuno yn y gân.

> "Pan af i gysgu mae'r ddwy law hynny
> Wrth ymyl fy ngwely i.
> Mewn gweddi at Dduw i'm cadw i'n fyw,
> Mi wn er na chlywaf hi."

Mae Lucy yn dechrau crïo yn afresymol.
Mae lleisiau Lucy a Matthew yn newid i fod yn lleisiau oedolion.

MATTHEW: I be' ti isho crïo'n wirion?

Mae Lucy yn parhau i grïo.

REBECCA: Ma'n rhaid i chitha neud 'run peth.

MATTHEW: *(Fel tad Rebecca)* 'Di dynion ddim yn crïo Rebecca."

LUCY: Wyt ti'n licio 'ngwallt i?

MATTHEW: Be'?

LUCY: Ti'n licio'r lliw?

Mae ffôn symudol Matthew yn canu. Mae'n ei ateb ac yn symud i un ochr.

MATTHEW: Helo? . . . Yn siarad . . . Sori? . . . Daliwch y lein . . . ma'r signal yn wael yn fa'ma . . .

Mae Lucy yn estyn ei ffôn allan a symud i'r ochr dde. Mae Rebecca yn aros yn y canol yn gwrando.

LUCY:	Helo? . . . Meddwl 'sa chi'n gallu'n helpu i?
MATTHEW:	. . . Dim problam . . .
LUCY:	. . . isho lliwio 'ngwallt.
MATTHEW:	Ma'n bwysig bo' ni'n creu'r argraff gywir . . .
LUCY:	. . . edrach yn sbesial . . .
MATTHEW:	. . . wrth gwrs . . . a'i drw' rhai o'r opsiynau . . .
LUCY:	. . . be' am "red hot fire"? . . . Bach o dân i'm mywyd i de!
MATTHEW:	. . . Ia! . .
LUCY:	Neu "chesnut scream"? . . .
MATTHEW:	ffantastig . . .
LUCY:	. . . siawns fydd hwnnw'n siwtio 'nghomplexion i! . . .
MATTHEW:	. . . unrhyw bwyntiau eraill? . . .
LUCY:	. . . be' am waxio? . .
MATTHEW:	Yn sicr.
LUCY:	coesa' a bikini line . . .
MATTHEW:	Na, dwi'm yn meddwl fod angen mynd cyn belled.
LUCY:	Falch o glywed . . .
MATTHEW:	Pryd 'da chi isho fi 'na? . . .

LUCY:	Cyn gynted a phosib . . . pryd 'da chi'n rhydd?
MATTHEW:	Dydd Llun? . . .
LUCY:	Tsiampion! . .
MATTHEW:	. . . Newch chi ddim difaru . . .

Mae'r ddau yn rhoi eu ffonau symudol i ffwrdd.

REBECCA:	Dw'i ddim ishe chwara'r gêm 'ma dim mwy.
LUCY:	Paid â mynd!
REBECCA:	Lle 'da chi'n mynd?
MATTHEW:	Gwranda. Sgin i'm dewis
REBECCA:	Newch chi ddarllan stori i fi?

Mae Rebecca yn mynd i eistedd ar ei phen ei hun. Mae Rebecca yn rhoi ei dwylo am ei chlustiau.

LUCY:	Dwi ddim ishe i ti fynd!
MATTHEW:	Ma'r job 'ma'n bwysig! Fedra'i ddim gadal y cwmni i lawr.
LUCY:	Ond fedri di adal fi i lawr.
MATTHEW:	Ma' nhw angan fi!
LUCY:	Dwi dy angan di!
MATTHEW:	Gwranda!
LUCY:	Ffonia nhw nôl!

MATTHEW: A deud be'?

LUCY: Bo' chdi 'di newid dy feddwl!

MATTHEW: Na!

LUCY: Plis paid â mynd!

MATTHEW: Mae'n rhaid i mi.

LUCY: Pam?

MATTHEW: Dwi 'di deud.

LUCY: Plis!

MATTHEW: Fedra'i ddim.

REBECCA: Stopiwch! Dudwch wrthyn nhw i beidio! RŴAN!

Mae Rebecca yn edrych i fyny. Mae Matthew a Lucy yn rhewi.

Clywn gerddoriaeth.

Daw hen ddyn i'r golwg. Mae'n rhoi hufen iâ i Rebecca ac yn ei chusanu ar ei thalcen.

HEN DDYN: 'Na ti, 'mlodyn i, dy ffefryn!

Mae'r dyn hufen iâ yn dechrau dawnsio i'r gerddoriaeth yn llawen. Mae'r ddau yn dechrau dawnsio a chwerthin efo'i gilydd ac yn tynnu Matthew a Lucy i ddawnsio hefyd. Mae'r hen ddyn yn chwerthin gymaint nes bod pawb yn chwerthin yn afreolus. Yna mae'r hen ddyn yn dawnsio i ffwrdd a Matthew yn ei ddilyn allan.

MATTHEW: Gawn ni chwara'r gêm yna eto?

Distawrwydd.

Mae Rebecca yn syllu ar Lucy, cyn mynd at y 'slywen.
Mae Lucy yn ei dilyn.

REBECCA: Da' ni'n barod i gladdu Albert rŵan?

Mae Rebecca yn hel y gwymon a'r cregyn at ei gilydd a Lucy yn ei helpu.

Mae Rebecca yn gosod y deunydd ar ben y 'slywen.

LUCY: Ydan ni fod i ganu eto?

REBECCA: Na. Dim ond g'neud dymuniad.

LUCY: Dymuniad?

REBECCA: Ia, ar gyfar Albert.

Mae Rebecca yn cau ei llygaid.

REBECCA: Cau dy lygid, Lucy. Reit . . . ar ôl tri

LUCY: Iawn.

REBECCA: Un . . . dau . . . tri . . .

Mae Lucy yn cerdded i ffwrdd yn ystod y cyfri.

REBECCA: (*wrth y 'slywen*) Dwi'n dymuno bo' chdi'n ca'l cariad a lot o swsus . . .

Mae hi'n rhoi'r garreg olaf ar y 'slywen.

REBECCA: Neith taid neud yn siŵr bo' chdi'n iawn Albert . . . ac os ti'n bod yn dda, ella gei di ice lolly gynno fo.

Mae hi'n estyn y pren hufen iâ o'i phoced ac yn ei roi ar ben y gwymon.

REBECCA: Deud wrtha fo bo' fi'n deud helo.

Mae'n syllu i fyny i'r Nefoedd.

DWY WYLAN

Drama un act

gan DAFYDD LLYWELYN

CAST:

        DYNES

        DYN

*Cyfyd y golau llwyd gan ddatgelu traeth llwm a moel. Cerdda **Dyn**, anniddig yr olwg, ar y llwyfan, gyda bag wrth ei ochr. Daw **Dynes** ato yn cario bag a chadair. Newidia'r golau i fod yn fwy bywiog a lliwgar. Gesyd y gadair ar gyfer y Dyn, yntau yn eistedd arni.*

DYNES: 'Na chdi.

DYN: Lle wyt ti 'di bod? Fues di'n gythreulig o hir.

DYNES: Dwi yma rŵan.

Dechreua Dynes gerdded tuag at flaen y llwyfan.
DYN: Lle ti'n mynd?

DYNES: Nunlla.

DYN: Ty'd yn ôl.

DYNES: Jest mynd at y dŵr ydwi.

DYN: I be'?

DYNES: Ty'd efo fi.

DYN: Dwi'n iawn lle ydwi.

DYNES: Ma'r môr yn edrych yn braf. Ew 'sa'n neis ca'l rhoi traed yn y dŵr.

DYN: Ty'd yn ôl 'ma, plis?

Cerdda Dynes yn ôl ato.
DYNES: 'Sa fo 'di neud lles i ti.

Clywir sŵn gwylanod ar y traeth.

DYN: Sbïa'r gwylanod . . . Braf arnyn nhw, ca'l fflïo ffwr' rhywbryd ma nhw isho, affliw o ddim yn eu poeni. Sbïa ar eu penna – eu llygyd mor glir, a'r plu yn berffaith.

DYNES: Fyddi di'n handi iawn i'r BBC os neith y boi Attenborough 'na gicio'r bwcad.

DYN: Paid â siarad yn wirion. A'r pîg 'na wedyn . . . wel ma'u pîg melyn nhw'n debyg i gryman oedd gin fy nhad ers talwm. Ma hynna'n fy atgoffa am y stori amdano fo'n lladd gwair unwaith . . . dwi wedi deud y stori 'na wrtha chdi?

DYNES: Do.

DYN: Dyna lle oedd o yn y cae unwaith, yn chwysu chwartia' wrth ladd y gwair, a'r fisitor o Sais 'ma'n dod heibio, ac yn gofyn iddo be' oedd o'n neud, a dad yn atab yn ei Saesneg crandia, "*Killing the grass*".

DYNES: Ia.

DYN: 'Rhen dad druan . . . Meddwl lot amdano fo . . . meddwl lle mae o dyddia' 'ma.

DYNES: Wel yn y fynwant gobeithio.

DYN: Fan'na ma'i gorff o debyg iawn, ond lle ma'i enaid o? Ti'n coelio yn y busnes bywyd wedi marwolaeth 'ma?

DYNES: Dwn 'im.

Saib fer
DYN: W'sti Glenn Hoddle, manajer dîm Lloegr gynt. Wel, ddudodd o yn ei lyfr fod pobl yn symud o'r naill fywyd i'r llall, a bod ansawdd eu bywyd newydd yn dibynnu ffor' oedda' nhw 'di bihafio yn y byd cynt.

Saib
DYNES: A ti'n credu hynna hefyd?

DYN: Dwn 'im. Be' ti'n feddwl fydda i ar ôl i fi farw?

DYNES: Dim syniad.

DYN: Ty'd 'laen, duda.

DYNES: Dwi'm 'di meddwl am y peth.

DYN: Tyrd, y jibar.

DYNES: Loch Ness Monster.

DYN: Pam?

DYNES: Ti'n codi ofn ar bobl a ti'n byw ac yn bod ar ben dy hun.

DYN: *(yn ysgafn)* Diolch yn fawr. Ti'n gwbod sut i neud i rywun deimlo'n sbesial.

DYNES: Ty'd, dwi 'di deud 'tha chdi, dy dro di ydi hi rŵan.

DYN: Hwfar.

DYNES: Be'? *(Yn gyfeillgar)* Diawl digwilydd. Sa'r lle fel twlc mochyn taswn i'n aros i chdi ll'nau'r lle.

DYN: Dwi'n gwbod, ond ti 'di hambygio lot ar y peiriant bach 'na hefyd.

DYNES: *(dan wenu)* Naddo tad!

DYN: Bob tro ti 'di gwylltio, ma'r hwfar yn dod allan a'r carpad yn 'i cha'l hi gin ti.

DYNES: O leia' o'n i'n ll'nau tŷ a ca'l gwarad o'n nhempar yr un pryd.

DYN: Beth 'swn i 'di neud hebdda chdi.

DYNES:	Ma'n gweithio ddwy ffor' 'sti. Ti 'di edrych ar fy ôl inna hefyd. Ti'm yn cofio, ges i annwyd trwm ar ddiwedd y chwedegau, 'nes di *tomato soup* i mi i frecwast, cinio a swper am dridia'.
DYN:	Argol. Do hefyd. A ti'm 'di bod yn sâl ers hynna chwaith, naddo?
DYNES:	Naddo.
DYN:	Falla 'sa'n well taswn i 'di mynd yn ddoctor. 'Wyrach 'sa ni 'di ca'l mwy o lwc wedyn.
DYNES:	Paid â siarad fel 'na.
DYN:	'Swn i'n ca'l chwara' efo fi'n hun yn enw ymchwil – handi 'de?

Chwertha Dyn yn uchel.
Saib

DYN:	Dwi'n cofio deud jôc yn capel Crist pan o'n i'n ddeg oed. O'n i fod i adrodd y gerdd 'ma am y doethion yn mynd i weld Iesu – ond anghofis i'r geiria'. A dyma fi'n gofyn i'r gynulleidfa'n lle: "Pam na chafodd Iesu ei eni yn Gaernarfon?" Aeth y lle'n hollol ddistaw, cyn i fi weiddi'n uchel: "Achos bod Gabriel yn methu ffeindio tri gŵr doeth a virgin." Alla'i weld y môr o wyneba'n syllu arna'i rŵan, bob un yn geg agored. Oedd o'n deimlad uffernol. Dyna'r co' cynta' sgin i o deimlo cwilydd o flaen pobl.
DYNES:	'Swn i'm yn poeni am y peth.
DYN:	Digon hawdd i ti ddeud hynna.
DYNES:	Tydio'm yn bwysig bellach . . .
DYN:	Mae o'n bwysig i mi.

DYNES: Nerfus o flaen pobol oeddech chdi ia.

DYN: Ma' hynna'n rêl chdi tydi, cymryd arnat bod na'm byd o'i le.

DYNES: Yli, gwranda . . .

DYN: Cario 'mlaen fel 'sa dim 'di digwydd.

DYNES: Ma'n ddrwg gin i.

DYN: Cerdded o gwmpas yn wên deg . . . deud helo wrth bawb . . . sôn am y tywydd efo hwn a'r llall . . . trafod pob dim ond y gwir . . .

DYNES: Tydi hynna ddim yn deg.

DYN: *(Dan weiddi)* Ti'n deud 'tha i 'dio'm yn blydi teg.

Saib hir
DYN: Sori. 'Nei di fadda' i mi?

DYNES: Sdim byd i fadda'.

DYN: Oes.

Dyn yn torri lawr i grïo.
DYNES: Ma' 'na hancas ym mhocad dy gôt.

Dyn yn mynd i'w boced ac yn canfod hances lân wedi'i phlygu yn ddestlus; mae'n ei hagor yn ofalus iawn ac yn cydio ynddi'n dynn cyn sychu ei ddagrau a'i drwyn.

DYN: W't ti'n difaru 'mhriodi i?

DYNES: Nefoedd ydw, pob dydd.

DYN: Wyt ti, go iawn?

55

DYNES: Nac 'dw siŵr . . .

DYN: Ma'n ddrwg gin i am fethu a rhoi plant i chdi.

DYNES: Paid 'ŵan.

DYN: Dwi'n gwbod bod chdi isio mabwysiadu a ballu, ond 'swn i byth 'di medru neud hynna 'sti. Dwi'n gwbod mod i'n hunanol, ond bob tro 'swn i 'di edrych ar y plentyn, 'sa fo 'di'n atgoffa mod i'n fethiant.

DYNES: Dw't ti ddim yn fethiant.

DYN: Allai weld y doctor yn ista o 'mlaen i rŵan . . . allai glywed o rŵan yn deud: "*you'll never be able to have children of your own.*"

Saib
DYN: Nath rhywbeth farw yndda'i y diwrnod hynna.

DYNES: Ac yndda'i inna' hefyd.

Saib
DYN: (*Yn dawel*) Dyna pam es di i chwilio am gysur gin rywun arall?

DYNES: Be'?

DYN: (*Yn addfwyn*) Nid gweld bai arna ti 'dwi, dwi'n gwbod mod i 'di bod yn anodd byw efo fo ar ôl hynny.

DYNES: Am be' ti'n fwydro?

DYN: O'n i'n gwbod o fewn mis i chdi ddechre'r berthynas 'sti.

DYNES: (*Yn flin*) Doedd 'na'm perthynas.

DYN: *(Yn ei hanwybyddu)* Be' odd 'i enw o?

DYNES: *(Yn gadarn)* Doedd 'na neb.

DYN: Oeddach chdi isio gwybod sut beth oedd cael dyn go iawn yn dy garu di.

DYNES: Paid â bod mor wirion.

DYN: Alla'i ddallt hynna. Ddarllenis i am y peth mewn llyfr gan Robert Smith unwaith. Mae o'n rhywbeth eitha' cyffredin i ddynas fod isho . . .

DYNES: *(Torri ar draws ei gilydd)* Anghofia am y blydi llyfra' am unwaith a gwranda arna'i.

Saib

DYNES: Fuodd na 'rioed neb arall.

DYN: Ond welis i chi . . .Yn dre 'cw . . . yn y parc . . . yn y . . .

DYNES: *(Yn addfwyn)* Ti'm 'di bod allan o'r tŷ'n iawn ers blynyddoedd.

DYN: Ond mi ges di *offer*?

DYNES: Naddo.

DYN : Achos dy fod wedi laru efo fi?

DYNES : 'Swn i byth yn laru arna chdi.

DYN: Ti'n deud y gwir?

DYNES: Wrth gwrs mod i. Dwi'n dy garu di.

Cofleidia'r ddau.

DYN: Faswn i 'di'r rhoi byd i gyd am gael bod yn dad 'sti.

DYNES: 'Sa fo neu hi 'di ca'l ei ddifetha'n rhacs gin ti.

DYN: Mynd â fo i'r ysgol, piciad â fo i bractis ffwtbol ganol 'rwsnos, rhoi lifft i'r dre' iddo fo ar nos Wenar, a wedyn y ddau ohona ni'n mynd i weld gêm ffwtbol bob p'nawn Sadwrn.

DYNES: A finna'n neud *fish* a *chips* i ni'n tri erbyn i chi ddod adra.

DYN: Ia.

DYNES: Dwi'n dy garu di gymint 'sti.

Tynna Dyn ei esgidiau a'i sanau.

DYN: Ty'd.

DYNES: Ti'm o ddifri?

DYN: Yndw.

DYNES: Ond . . .

DYN: Ty'd 'laen

Estynna Dyn flwch gweddillion o'i fag, gan gerdded yn araf i mewn i'r môr.

DYN: Hei, ti'n iawn hefyd, ma'r dŵr yn braf . . .

Yn araf tyn gaead y blwch, a diflanna Dynes.

Gwasgara Dyn y llwch wrth i'r golau ddiffodd.

AR BEN DIBYN

Drama un act

gan MELERI WYN JAMES

CAST:

      KEVIN SAUNDERS

      PAUL SAUNDERS

Lan y môr yn y gaeaf – gwynt yn chwythu, tonnau'n chwalu yn erbyn y creigiau. Diwrnod Dwynwen.

*Mae **Paul Saunders**, dyn yn ei 30au hwyr, yn sefyll ar ben clogwyn uwchben y môr. Mae Paul yn gwisgo côt ledr sydd wedi gweld dyddiau gwell. Mae'n syllu i ddyfnderoedd y dŵr yn synfyfyrio.*
*Mae **Kevin Saunders**, dyn yn ei 30au hwyr, yn ymddangos. Mae'n gwisgo anorac llachar oren a het sgïo wlân. Mae ganddo fenyg mawr.*
Mae e'n gweld Paul yn y pellter.

KEVIN: Paul!

Mae'n rhuthro at ei frawd, ond yna mae'n sadio ei hun a dod i sefyll hyd bwrdd oddi wrth Paul.

KEVIN: Lwc bo' fi 'di dod â rhein!

Yn cyfeirio at ei fenyg.

'Se 'mysedd bach i 'di rhewi'n dalps.

Saib

Sen i ar goll hebddyn nhw *(yn edrych ar ei fysedd)*. Fel *footballer* heb goese neu Prins Charles heb *nineteen sixty nine* . . .

Mae Paul yn colli ei amynedd.

PAUL: *(Yn frathog)* Beth ti'n neud 'ma?!

KEVIN: T'ymod, mynd am dro bach. Ma' hwn yn le *ideal* i artist.

Edrycha Paul yn watwarus.

KEVIN: Shgwla ar yr olygfa 'na. Ma' rhywun yn gallu mynd i *rut* yn tŷ. Wy'n lico bod mas, yng nghanol yr *elements* . . .

PAUL: A ti'n dod fan hyn?

KEVIN: Dim yn gwmws . . .

PAUL: Na.

KEVIN: *(Yn gwneud ei esgusodion)* Ma'n dibynnu – ar yr awen.

PAUL: Gad dy gelwydd, Kevin. Weles di fi o'r top 'na a nes di *bee-line* amdana' i.

KEVIN: Na!

PAUL: Wel, nawr ti 'ma. Ti 'di gweld fi. Wy'n olreit.

Clywn gorn cwch allan ar y môr.

Saib

KEVIN: Wy'n lico'r olygfa 'ma.

PAUL: *(Sarcy)* Wel, fi o'dd 'ma gynta. Wedyn, neis i weld ti. Piss off, wy'n fishi.

Saib

KEVIN: So ti'n dishgwl yn fishi iawn i fi . . .

Saib

Edrych a meddwl . . . Ti'n gwbod beth o'dd Mam yn weud, "Ma'r môr yn hudo pobol . . ."

PAUL: Ie, wel, o'dd hi'n gweud lot o bethe.

KEVIN: Siarad lot o sens.

PAUL: Sens? O'dd hi'n treial hala ofan 'not ti. Cadw ti o 'ma.

KEVIN: 'Se ddi moyn neud 'ny, 'se ddi 'di gweud 'ny yn blwmp ag yn bla'n.

PAUL: O'dd hi'n glefrach 'na 'ny. Cwato clatshen miwn compliment. "O, Paul! Mae mor neis i weld ti ond ma'r hen beswch 'ma 'di dechre 'to . . ."

KEVIN: O'dd hi ddim yn meddwl e fel'na. O'dd rhai pethe'n dod â pwl o asthma, 'na gyd.

PAUL: Fel 'i mab 'i hunan, ife?

KEVIN: Gormod o ecseitment yn un peth . . . a . . . a *stress*!

PAUL: O'dd hi'n dod â hwnnw ar 'i hunan, glei. (*Yn dawel*) 'Se hi ond yn grondo am unweth.

KEVIN: *Thirty-six years*. Geson ni'm un gair cro's.

PAUL: Achos o't ti *wastad* yn cytuno â ddi. Dim rhyfedd bo' Dad 'di neud be' na'th e . . .

Mae Kevin yn troi a gadael.

Gwd. Cer!

Mae Kevin yn troi yn ôl eto.

KEVIN: Wy'n sgwennu stori ar y funed.

PAUL: 'Na be ti'n galw fe.

KEVIN: O leia wy *yn* sgwennu . . .

PAUL: Ti'n sgwennu'r un llyfr ers blynydde. Jest newid yr enwe.

KEVIN: Stori garu. Ma'r cwpwl 'ma, so nhw 'di gweld 'i gilydd ers blynydde. A ma'n nhw'n cwrdd ar ddydd Santes Dwynwen. A mae e mor romantic. So nhw 'di realiso tan 'ny bo' nhw mewn cariad . . .

PAUL: Sdim owns o ramant iawn 'nyn nhw.

KEVIN: Wy'n gwbod sut ma' sgwennu romans.

PAUL: A ble ma'r 'romans' yn dy fywyd di?

KEVIN: Synnet ti.

PAUL: Ti 'di gweld drych yn dd'weddar?

KEVIN: Synnet ti.

PAUL: Beth? Menyw – 'da Kevin bach?! *Billy no mates* 'i hunan!

Mae Paul yn chwerthin yn uchel.

O'n i'n meddwl bo' ti'n dishgwl yn smart. Beth yw enw hi 'de?

Saib

'Se Mam ddim yn lico bo' menyw 'da Kevin bach. O'dd hi ddim yn folon bo' 'da ti'r holl ffans 'na. Menwod bach trist. Dim byd gwell i neud. 'Na beth wedodd hi.

KEVIN: O'dd Mam yn browd iawn o fi.

PAUL: Ddarllenodd dy annwyl Fam yr un gair. Eriôd. Wy'n gweud 'thot ti, yr holl '*heaving bosoms*' a '*thrusting manhoods*' 'na. Yr unig reswm agorodd 'i choese erioed odd i ga'l ti a fi, a'r unig reswm 'na'th hi 'na o'dd i ga'l rhaff i grogi Dad.

KEVIN: Sawl blwyddyn sy' nawr?

PAUL: Beth?

KEVIN: Pump, siŵr o fod? Y wraig yn gadel a ti ffaelu sgwennu gair . . . "*Unique new voice*" byd drama, yn colli hi. Kaput.

Saib

Wy'n dyall, ti'mod. Colli awen.

PAUL: Ma' fe'n swno fel plot i un o dy 'nofels' di.

KEVIN: *Pum mlynedd*. Dylet ti allu roi e tu cefen i ti nawr. Yn y gorffennol.

PAUL: Un drama sgwennes i.

KEVIN: O't ti ofn mentro rhagor. Rhag ofan 'se pethe'n mynd o whith.

PAUL: O'dd 'da fi bils i dalu.

KEVIN: Cymra dy siâr, 'te. Arian tu cefen.

PAUL: Byth.

KEVIN: Ma'i hanner e i ti. I ti ma' fe fod. Presant Mam i ti. 'Se ddim isie'r arian 'not ti, 'sen i ddim yn gweud dim byd. So fe'n reit – i fi gymryd y tŷ a celfi am ddim. Galle'r fflat 'na neud â cwpwl o bethe newydd. Sbriwso'r lle lan tam'bach. Tro dwetha o'n i 'na . . .

PAUL: Ie, wel, ma' sbel ers 'nny . . . Ges i ddyrchafiad.

KEVIN: A shwt ma' fe'n timlo i fod yn *lecturer* cyfoethog? Well na *dramatist* tlawd?

PAUL: Gad hi.

Saib

KEVIN: Gymri di'r gath, 'te?

Mae Paul yn colli ei dymer.

PAUL: Piss off!

KEVIN: Fydd hi'n gwmni i ti. Falle ddeith hi a bach o lwc i ti 'fyd. Ti'n cofio beth o'dd mam yn gweud, ma' cath ddu'n lwcus . . .

PAUL: Ie, wel, da'th hi ddim â lot o lwc, do fe.

KEVIN: Ti'n beio Mam am dy brobleme di i gyd. Gas hi fywyd caled.

PAUL: A hi yw'r unig un?

KEVIN: Colli Data fel'na . . . Un dydd, *young and in love.* Dwrnod nesa – *tragedy.*

Mae Paul yn symud yn nes at yr ochr.

KEVIN: Safa 'nôl o'r ochr 'na, 'nei di.

PAUL: Neud ti'n nerfys, odw i?

Mae Paul yn camu 'mlaen.

KEVIN: Paid! 'Se rhywun yn meddwl bo' ti moyn cwmpo.

PAUL: Beth nelet ti?

Mae Paul yn codi un goes, fel petai am gerdded dros yr ymyl.

KEVIN: Stopa ddi! Ma' fe'n hala crud 'na i.

PAUL: O'n i'n meddwl bo' 'da ti stumog cryf. Yr holl *baths* 'na rhoiest ti i mami.

KEVIN Paul!

PAUL (*Yn siriol*) Man a man i fi neud e nawr.

Mae Paul yn camu at ochr y dibyn.

PAUL: Arhosa, os ti moyn. Gweld y sioe, ontefe . . .

Tonnau'n cynhyrfu.

KEVIN: Paul, plis!

PAUL: Y ffarwel ola', fel petai . . .

KEVIN: Paul, cofia –

PAUL: – Wy *yn* cofio. 'Na pam wy 'ma. Wy'n cofio Dad yn dod 'ma . . .

KEVIN: Ie, odd dad yn lico dod am wâc 'ma . . .

PAUL: Na! . . . Cael ei *yrru* 'ma

KEVIN: Ie, 'na fe . . . Dad . . . Man'yn . . .

PAUL: Man hyn, beth . . . ?

KEVIN: Dere 'nôl, plis!

PAUL: Man hyn, *beth*?

KEVIN: Man hyn y . . .

PAUL: Ti ffaelu weud e hyd yn o'd.

KEVIN: Man hyn gwmpodd e.

PAUL: Neidodd e, ti'n feddwl . . . Kevin bach . . . Neido!

Mae Paul yn plygu 'mlaen.

KEVIN: Marilyn!

PAUL: Beth?

KEVIN: Marilyn . . .

PAUL: Marilyn?

KEVIN: Ei henw hi . . .

PAUL: 'I henw hi?

KEVIN: 'Yn girlfriend i . . .

PAUL: Marilyn?

KEVIN: Ie.

PAUL: Marilyn yw enw dy wejen di?

KEVIN: Ie.

PAUL: Y ddou 'non ni â menyw run enw?

KEVIN: (*Yn nerfus*) Chi'n *separated*, on'd ych chi.

PAUL: Beth?

KEVIN: Ges i lythr 'da hi.

Saib

PAUL: Llythyr?

KEVIN: Ges i lythr oddiwrth *Marilyn.* Ni 'di bod yn sgwennu.

PAUL: Sgwennu?

KEVIN: Ie. Sgwennu llythyre.

PAUL: Llythyre beth?

KEVIN: Wel . . . llythyre.

PAUL: Llythyre am beth?

KEVIN: Llythyre am bopeth.

PAUL: Byth bytho'dd. 'Se menyw fel Marilyn byth yn dishgwl ar ryw lipryn bach di-nod. Rhyw erthyl bach o fapa Mam sy'n whysu fel mochyn bob tro ma' fe'n gweld menyw.

KEVIN: Ti'n wrong! . . . Gas hi ben-blwydd. *Forty.* Y sort o oedran pan ti'n dishgwl 'nôl. Meddwl beth alle 'di bod . . .

*Mae Paul y*n neidio am *Kevin.*

PAUL: Fy ngwraig i yw hi!

KEVIN: Chi'n separated!

Mae'n gafael yn Kevin gerfydd ei wddf. Mae Kevin yn ceisio rhyddhau ei hun.

KEVIN: Paul, grinda! O'dd hi moyn cysylltu. (*Yn uwch*) O'dd hi ddim yn gwbod ble o't ti'n byw.

PAUL: Wel, o't ti'n gwbod, on'd o't ti . . .

Saib

KEVIN: . . . Fydd hi 'ma nawr.

Mae'n gollwng Kevin.

Saib

PAUL: Beth ti'n feddwl?

KEVIN: Ma' hi ar y cwch.

PAUL: Mae Marilyn ar y cwch 'na?

Saib

Mae Paul yn cerdded yn ôl at y dibyn.

PAUL: (*Yn despret*) Mae'n dy garu di nawr 'te, ody ddi?

KEVIN: So ddi 'di gweud, Paul.

PAUL: Ond wedes di bod hi'n hala llythyre.

KEVIN: Do, ond dim ond seino'r llythyre . . .

PAUL: Seino?

KEVIN: Ie, seino. *Love and kisses* Mar . . . Ti'n gwbod?

Saib

PAUL: So chi'n gariadon o gwbwl, odych chi?

FX tonnau'n distewi.

KEVIN: Na.

PAUL: Kevin, ody Marilyn ar y cwch 'na neu ddim?

FX Corn cwch. Mae Paul yn rhewi.

KEVIN: Ody . . . Well i ti fynd lawr ife?

Saib

Fydd hi'n falch i weld ti . . . Fydd rhaid i un o' ni fynd.

Saib

Sgwenna nodyn 'te . . . alla'i fynd ag e lawr.

Mae Kevin yn chwilio ym mhoced ei gôt am firo. Mae e'n tynnu pen inc hen ffasiwn. Mae'n cynnig y pen i Paul.

KEVIN: Anghofies i, ti pia hwn.

PAUL: Fi?

KEVIN: Ie. Cyn iddi farw, wedodd Mam 'tho' i – "Ma' fountain pen Dad i fod i fynd i Paul. 'Na ti'n siŵr bo' fe'n ca'l e."

Saib

Mae Paul yn edrych ar y pen, fel petai wedi ei ddal dan ei hud.

KEVIN: Ballest ti gymryd dim byd. Cer â fe . . . O'dd dad yn arfer 'sgwennu storis, ti'n cofio? O' nhw wastad yn cwpla'n hapus.

Mae Paul yn cymryd y pen. Mae'n ei rhoi ym mhoced ei gôt.

Saib

KEVIN: Dewch draw i swper. Un teulu mowr.

PAUL: Un peth ar y tro, ife.

Saib

KEVIN: Ie, ti'n iawn.

Mae Paul yn troi am yr harbwr.